AF410902

DISCOURS

DESTINÉ

A ÊTRE PRONONCÉ

PAR Me LINGUET,

DANS L'ASSEMBLÉE DES AVOCATS,

Le 3 Février 1775.

A PARIS,

DE L'IMPRIMERIE DE PHILIPPE-DENYS PIERRES,
rue Saint-Jacques.

M. DCC. LXXV.

IL faut bien que le Titre de mon Difcours annonce une incertitude qui exifte: il eft fort douteux qu'on veuille demain même m'entendre: il me revient de toutes parts que la cabale de mes ennemis eft fi ardente, fi autorifée, que dans des Affemblées particulieres, qui ne ceffent de fe tenir depuis le 26 du mois dernier, on fait adopter ce moyen tout fimple de s'épargner la peine d'une difcuffion.

On me reproche d'avoir écrit en faveur du *Defpotifme* : rien n'eft plus faux ; mais fi quelque chofe pouvoit m'affermir dans mes principes fur les dangers d'une liberté fans limites, d'une adminiftration fans chef, c'eft ce que j'éprouve.

Le pouvoir arbitraire a bien moins d'inconvéniens que l'*anarchie*.

Le Monarque abfolu peut être éclairé. Il peut être fufceptible de honte ou de remords : les Agens de fes excès ont des intérêts à ménager. La crainte peut les arrêter, fi un penchant vicieux les emporte.

Une foule qui fe çroit indépendante n'a aucun de ces freins. Les lumieres lui font inutiles, parce qu'elles ne parviennent qu'au plus petit nombre des yeux. Les remords n'y font aucune impreffion, parce que chacun s'étourdit fur ceux qu'il éprouve, en fuppofant que c'eft une erreur, une foibleffe de fon cœur, puifque fes voifins ne paroiffent pas en reffentir de pareils : enfin la honte & la crainte ne font pas des motifs qui puiffent la toucher, parce que chacun n'étant que pour une portion infiniment petite dans le danger, ou dans l'opprobre, chacun ayant la reffource de dire qu'il n'a pas trempé dans la réfolution criminelle ou deshonorante, on procede avec le fang froid le plus flegmatique, à des attentats qui feroient frémir ou trembler chacun de ceux qui la compofent, s'il étoit ifolé.

Au furplus, mon cœur oppreffé ne peut fe refufer à une réflexion qui touchera peut-être celui de quelques Lecteurs : c'eft que dans toute autre claffe de la Société j'aurois joui paifiblement, à l'ombre des Loix, de mon état, d'une confidération proportionnée à la régularité de ma conduite, à l'utilité de mes travaux. Pour m'être fié à la devife des *Avocats* ; pour m'être flatté de trouver chez eux de la délicateffe dans les procédés, du refpect pour l'honneur, des encouragemens pour les talens & la vertu, je fuis livré à une diffamation qui n'a pas d'exemple, à des voies de fait qui n'en ont pas davantage, & ce qui eft horrible à penfer, c'eft qu'on a l'audace de publier hautement que les Loix ne me ferviront pas, & que je réclamerois en vain l'appui du Tribunal qui m'a cautionné mon état le 11 du mois dernier.

Et voilà le fruit de la Liberté.

DISCOURS

Destiné à être prononcé le 3 Février 1775,

Par Mᵉ LINGUET,

A l'Assemblée générale de l'Ordre des Avocats
au Parlement de Paris.

MESSIEURS,

J'ose me flatter que l'Ordre assemblé ne sera
pas capable, comme ses *Députés*, de m'interdire
jusqu'au droit de lui présenter quelques Réflexions

4

préliminaires très-essentielles. Je les ai donc pré-
parées par écrit : j'en ai un exemplaire que je vous
laisserai, après vous en avoir rendu compte.

Je commence par protester de mon respect, de
ma soumission pour cette Assemblée, en tant que
je ne déroge pas à mes droits de *Citoyen* : car nous
le sommes tous, Messieurs, *Citoyens*, avant que
d'être *Avocats* : le recours aux Loix, quand on les
viole pour nous nuire, est imprescriptible.

Vous allez me juger : ce ne sera sans doute que
sur des faits graves, bien prouvés, clairement énon-
cés, & discutés contradictoirement avec moi. Un
de nos anciens Souverains disoit que : *Si la Justice
& l'Honneur étoient exilés du reste de la terre, on
devroit les retrouver dans le cœur des Rois* : j'ajou-
terai, & dans *l'Ordre des Avocats*. Or rien ne seroit
plus contraire à ces vertus que de prononcer sur le
sort d'un Citoyen, d'après des faits indignes d'at-
tention, incertains, obscurément posés, ou qu'il
ne lui auroit pas été possible de combattre.

J'avois supplié qu'on voulût bien, à l'Assemblée
des Députés, écrire les demandes & les réponses :
on me l'a refusé durement : on a rejetté ce moyen
prescrit par les Loix, qui seroit exigé par l'honnêteté

feule ; & quand j'ai imprimé ma juſtification , vos Députés qu'elle accabloit , ont eu la lâcheté de répandre dans le Public qu'ils avoient bien d'autres Griefs que ceux que je détruiſois.

Je dis *lâcheté* , Meſſieurs , & je ne me trompe pas ſur le terme : c'en eſt une en général qu'un menſonge : mais quand l'impoſture ſe trouve entée en quelque ſorte ſur une autre , & qu'un homme n'outrage la vérité que pour couvrir les premiers affronts qu'il lui a déja faits , je vous demande quelle épithete mérite ſon procédé ? Or voilà ce qu'ont fait , ce que font ceux de vos Députés qui oſent dire , ou qu'il y a d'autres Griefs que ceux que l'on m'a communiqués , ou que je n'ai pas répondu dans mon Imprimé à tous ceux dont on m'a donné connoiſſance. Et c'eſt auſſi ce que j'avois prévu page 14 de mon *Supplément aux Réflexions*.

Si quelque choſe peut faire ſentir combien eſt révoltante , dangereuſe , horrible même , cette pratique de ne rien écrire , quand il s'agit de l'état & de l'honneur d'un Citoyen , c'eſt ce que j'éprouve *.

---

* Qu'il me ſoit permis de citer à mes Confreres un exemple qu'ils ne trouveront pas ſans doute humiliant , c'eſt celui des Magiſtrats , leurs Supérieurs & les miens. Ils ſe trouvent aujourd'hui preſque

Je ne veux pas être exposé deux fois à ce péril : il faut que ce moment-ci soit l'époque imperturbable de mon repos, ou de ma honte ; que mon nom soit glorieusement consacré, comme étant sorti pur de toutes les épreuves auxquelles l'ont soumis la calomnie, l'envie, tant de passions criminelles qui me poursuivent ; ou ignominieusement dégradé, comme étant souillé des excès qui peuvent justifier l'horreur publique, & la proscription légale d'un Membre de la Société.

Voilà pourquoi, au défaut de regiſtres écrits que vous n'avez pas, j'ai supplié M.^{de} la Comteſſe de Béthune, & ces Citoyens honnêtes, de vouloir bien être préſens aux interpellations qui me feront faites, & à mes réponſes. Par-là les unes & les autres seront conſtatées ; il ne sera plus permis à mes Accuſateurs d'équivoquer : je n'en pourrai plus

---

dans le même cas. Leurs Collegues accuſés ont toute liberté de ſe défendre devant les *Chambres*. Les griefs articulés contre eux ont été remis à Meſſieurs *les Gens du Roi*, qui les leur ont communiqués, & ont reçu leurs réponſes auſſi *par écrit* ; c'eſt après cet appareil, qui écarte toute idée de ſurpriſe & de réticence, qu'ils ſeront jugés. La police à laquelle la Cour des Pairs s'aſtreint, paroîtroit-elle honteuſe ou injuſte *à l'Ordre des Avocats ?*

être foupçonné ; après cet éclairciſſement authen-
tique , eux ou moi ferons réduits au filence.

On me dira que ce n'eſt pas la regle ; que dans
les Procès criminels l'inſtrúction eſt fecrette : oui ;
mais la regle alors eſt d'écrire ; la regle eſt de dé-
livrer en bonne forme à l'Accuſé une expédition
folemnelle des chefs qu'on lui objecte & des
moyens qu'il y oppofe. Ce monument reſte dans
fes mains ; c'eſt une reſſource qui, après avoir fervi
à fa juſtification, aide encore à fa vengeance : après
lui avoir révélé les accufations , on lui nomme les
Accufateurs ; & quand il a détruit les unes, il a
le droit & la faculté de pourfuivre à fon tour les
autres. Ici rien de tout cela n'exiſte , il faut y fup-
pléer. Il feroit trop affreux que vous perſiſtaſſiez à
protéger une méthode qui ne peut être favorable
qu'à la calomnie , & qui emporte évidemment la
profcription de l'innocence. Qu'on ne me diſe pas
qu'elle eſt conforme aux ufages de *l'Ordre ;* rien
de ce qui viole la juſtice & la décence ne peut y
être conforme. Il eſt honorable pour l'Ordre
qu'on n'en ait pas jufqu'ici fenti l'abus : mais au
moment où il fe découvre, il faut le corriger.

Mᵈᵉ la Comteſſe de Béthune m'honore de fa

confiance ; elle remet dans mes mains fon fort & celui de fa Famille : perfonne n'eft plus inté-reffé qu'elle à fçavoir fi je fuis digne de cette confiance ; perfonne n'eft donc plus en droit de vouloir connoître & conftater de quoi on m'ac-cufe, & comment je me juftifie.

S'il étoit poffible que des Hommes vertueux fuffent une derniere fois encore les inftrumens de la vengeance, de la calomnie, de toutes les ma-chinations fecrettes qui follicitent ma perte ; s'il étoit poffible que vous fermaffiez encore les yeux à l'évidence, à la vérité, qui parlent en ma faveur, & qu'un *oftracifme* qui couvriroit mes rivaux de honte au milieu de leur triomphe, tendît à m'é-carter définitivement du Barreau par vos fuffrages, j'ai à ménager l'eftime de mes Amis & celle du Public : il m'eft important de les convaincre que je fuis facrifié à de honteufes paffions, à de mé-prifables rivalités ; que des détracteurs clandeftins s'arment contre moi dans la nuit des traits de la fraude & de la trahifon, & que ce qu'on ofe en laiffer paroître au jour n'eft capable que de faire rougir ceux mêmes qui les emploient.

On peut, Meffieurs, travailler à m'ôter injufte-ment

ment l'exercice de la profeffion d'Avocat; mais je ne veux pas perdre la réputation qui en rend digne : je puis fuccomber comme *Socrate*, mais je ne veux pas que mes *Anitus* foient impunis. Vous prétendez me juger ; j'y confens : mais je placerai entre vous & moi ce Juge fuprême auquel les Tribunaux les plus abfolus font fubordonnés, l'*Opinion publique* : elle fera juftice, quand vous me l'aurez refufée, & fi vos voix fe réuniffoient, contre toute vraifemblance, pour ma profcription, je pourrai du moins dire en fortant d'ici : *Tout eft perdu hors l'honneur.*

Je tirerai même de la préfence de ces Témoins refpectables un autre avantage, c'eft que fi l'on avoit encore ici la hardieffe d'articuler des faits, en refufant de m'indiquer les fources où ils ont été puifés, j'aurai du moins la preuve de l'articulation : je forcerai, par une plainte juridique, ceux d'entre vous qui fe font laiffés empoifonner l'efprit par des rapports fecrets, à révéler les complices de cette licence meurtriere ; je parviendrai enfin à en découvrir les auteurs, & je mettrai un terme à la diffamation, en obtenant des Tribunaux le châtiment des diffamateurs.

B

Mais il n'y en a point, me dira-t-on, & je fuppofe qu'on me le dira, parce qu'on me l'a déja
dit le 26 Janvier : on ne peut citer perfonne ;
c'eft le cri public qui vous a déféré à nous ; &
nous avons eu grand foin de vérifier les griefs qu'il
vous imputoit : nous avons pris la peine d'aller
chercher les témoignages qui fe refufoient ; nous
les avons forcés de fe produire ; ainfi vous ne pouvez avoir de recours contre qui que ce foit.

Je n'en puis avoir contre qui que ce foit ?
Quelle erreur ! Eh ! vos Députés ne font-ils pas
garants de ces démarches mêmes qu'ils ont faites ?
démarches que la prévention la plus aveugle, la
rage la plus furieufe pouvoient à peine motiver.

Quoi ! de votre aveu il n'exifte point de déla-
teurs, & il y a une délation ? Il n'y a point d'accufateurs, & il y a un accufé ? On ne trouve pas
de preuve, & il y a un crime, & non-feulement
un crime, mais une condamnation, mais un fup-
plice, mais une mort civile ; & cette mort frappe,
je ne dis pas le prétendu coupable, mais tous ceux
qui ont avec lui des liaifons d'affaires.

Une Famille illuftre, une Veuve animée d'un
courage héroïque, des Orphelins dont la foibleffe,

le délaiſſement ſeuls inſpireroient quelque douceur aux plus farouches des hommes, vont dans trois jours, ou perdre pour une ſeconde fois le bénéfice d'une Audience achetée par les délais les plus ruineux, ou ſe trouver inſuffiſamment défendus par le trouble dans lequel on n'a ceſſé de tenir leur Défenſeur depuis qu'il a le malheur d'être déſigné pour le ſoutien de leur Cauſe : & tant de maux ſeront impunément le fruit de la prévarication de vos Repréſentans?

Meſſieurs, ce n'eſt pas ſeulement juſtice que je vous demande pour moi, c'eſt vengeance contre eux. Conſtitués Juges par vous, ils ſont deſcendus de leur Tribunal, je ne dis pas pour accueillir la délation, mais pour la provoquer. Ils ont battu les palais & les greniers, pour y éventer quelques prétextes dont ils puſſent me faire des crimes; ils ont ſollicité des *Ducs & Pairs*, des *Femmes perdues*, des *Uſuriers*; c'eſt-à-dire d'un côté, ce qu'il y a de plus grand, & de l'autre, ce qu'il y a de plus infâme dans la Nation, de ſe réunir pour concourir à ma perte: des Hommes déguiſés, que la vivacité de leurs queſtions & la violence de leur douleur, quand elles étoient inutiles, ont fait

prendre pour des *Avocats*, ont multiplié ces honteufes démarches. Quand ce ne feroient pas vos
Députés qui auroient ainfi compromis leurs per-
fonnes, il eft évident au moins que ce font leurs
émiffaires. Ne fentez-vous pas que l'opprobre en
rejaillit fur l'Ordre, par qui l'on eft en droit de
fuppofer que ces effroyables machinations font
approuvées ?

En vérité, fi ce récit fe lifoit dans quelques-unes
de ces relations de voyages avec lefquelles des
hommes actifs amufent l'oifiveté fédentaire, on fe
refuferoit à y ajouter foi : on fe récrieroit contre
la crédulité aveugle de l'Hiftorien : on l'accufe-
roit de calomnier la nature humaine : on s'obfti-
neroit à foutenir qu'il n'y a pas de pays où l'oubli
des principes naturels, le refpect pour les Loix,
la dégradation en tout fens aient pu être pouffés
auffi loin. Le cœur me faigne en penfant dans
quel Pays, dans quel Siecle, dans quelle Ville,
dans quel Corps tant d'attentats ont été commis !
& ils refteroient impunis ?

Quand il feroit poffible d'en démentir quelques-
uns ; quand on pourroit balancer à croire à ces
déguifemens honteux, à ces inquifitions fecrettes

qui ont paru atroces aux plus vils des hommes ; & dont je ne dois la connoiſſance qu’à l’horreur qu’ils en ont conçue ; il y en a un plus révoltant, plus criminel encore peut-être pour *des Avocats* ; plus effrayant pour la ſociété, ſur lequel il n’eſt pas poſſible d’élever le moindre doute. C’eſt la démarche auprès de M. le D. d’A...

Qu’alloient faire chez lui Mᵉ *Legouvé* & Mᵉ *le Maſſon* * ? chercher des preuves contre moi ! Quand j’aurois été coupable, M. le D. d’A... n’en pouvoit pas fournir. Il m’accuſeroit qu’il faudroit re-jetter ſon témoignage.

Si les *Ducs & Pairs* lui faiſoient un Procès, ils frémiroient de penſer à m’appeller pour témoin :

---

* J’avois dans mon *Supplément aux Réflexions* , dit Mᵉ *Huttaux* : on m’avoit trompé ; ce n’eſt pas lui.

De même , parmi les trois voix honnêtes qui m’ont été favora-bles, je n’ai pas compris Mᵉ *Rigault* , qui a bien voulu me défendre avec l’honnêteté dont ſon cœur eſt rempli. Je lui en fais réparation, & ne me plains pas de celui que j’ai mal à-propos nommé à ſa place. J’ai reçu tant de marques de bonté de ce dernier, que je ne puis regarder ſa complaiſance pour mes ennemis, que comme une foi-bleſſe paſſagere , que ſon cœur a déſavouée, au moment où on la lui arrachoit.

vos Repréſentans n'auroient-ils pas dû avoir la même délicateſſe? Les engagemens de M. le D. d'A... envers moi, ſont au moins auſſi ſacrés que les miens envers lui : c'eſt moi qui l'ai ſervi ; & non-ſeulement les eſpions détachés par vos Députés, l'ont invité à ſe joindre à eux contre moi, à leur fournir des moyens pour me perdre; mais ſur un refus formel, ils ont inſiſté : M. le D. d'A... ſe taiſoit : ils ont demandé permiſſion de lui ouvrir la bouche, & d'aller fouiller dans ſon cœur : ils lui ont dit en le quittant que *ſon ſilence ſuffiſoit*, & c'eſt cette preuve d'un genre auſſi affreux que nouveau qu'ils ont rapportée en triomphe à leur Aſſemblée.

Meſſieurs, ou toute idée d'honneur eſt détruite parmi vous, ou cette infâme prévarication ſera punie.

En vain M^es *le Maſſon* & *Legouvé* tâcheroient-ils de s'excuſer ſur l'ordre qu'ils ont reçu de leurs Collegues; en vain diroient-ils que la honte dont cette baſſeſſe les couvre, eſt commune à toute l'aſſemblée des Députés. Cette excuſe pourroit pallier le tort de ceux qui ont été chez l'Imprimeur, chez M. le P. de B... dans les galetas des uſuriers, chez tous les hommes qui n'ont pas eu avec moi des liaiſons reſpectables, ſur-tout pour des Avocats : mais elle ne peut excuſer leur ſéduction envers M. le D. d'A... c'étoit à eux à faire uſage de leurs lumieres pour faire révoquer l'odieuſe commiſſion dont on les chargeoit, ou du moins à ſe prévaloir de leur liberté pour s'en diſpenſer.

J'ignore ſi les autres Députés ont donné cet ordre, mais je ſçais que ceux-là l'ont exécuté : je ſçais que par-là ils ont donné un exemple atroce, deſtructif de toute eſpèce de confiance, entre les deux claſſes de la Société où la confiance eſt le plus néceſſaire ; ils autoriſent à croire que parmi les Avocats un Client peut perdre ceux qui l'auront défendu, & qu'ainſi par conféquent le cœur des défenſeurs peut être également acceſſible à la curioſité de ſes ennemis ; ils ont briſé ſans retour, autant qu'il étoit en eux, ces liens ſacrés, ſi juſtement reſpectés chez les *Romains* ; ces liens préférés preſque à ceux de la nature ; ces rapports indiſſolubles que l'intimité réciproque, la reconnoiſſance d'une part, & la généroſité de l'autre établissent entre les *Patrons* & les *Clients.*

Si en effet l'Assemblée entiere des Députés a concouru à cet attentat, vous en aurez plus de coupables à punir : c'est une époque effrayante de dégradation parmi vous : une époque qu'il faut expier, Messieurs, par une restauration éclatante. La gloire de votre état & la noblesse de vos fonctions si indignement trahies, attendent de vous un grand exemple.

Sans doute après avoir au moins connivé à cette prévarication si avilissante en tous sens, après m'avoir jugé une premiere fois, & sur des crimes qu'ils m'ont faits, vos Députés ne s'attendent pas à rester ici sur les bancs, à voir compter une seconde fois une opinion déjà connue. Je les récuse. Je ne répondrai à rien, Messieurs, qu'ils ne soient tous sortis.

1°. Parce qu'ayant déjà prononcé en premiere instance, ils ne peuvent pas être Juges sur l'appel.

2°. Parce que les dates de toutes leurs démarches annoncent au moins une prévention contre moi, & une complaisance pour mes ennemis, également suspectes ; parce que leur lenteur & leur précipitation, par les combinaisons qu'elles supposent fuppofent, décélent des gens bien moins occupées de me rendre juſtice, que de l'envie d'empêcher que je ne contribue à la faire rendre à la Comteſſe de Béthune.

Ce motif concerne ſur-tout M. le Bâtonnier, *Chef du Conſeil de M. le Maréchal de Broglie*, & de qui j'ai pluſieurs Conſulations contre la Famille qui vient juſqu'en cette Salle réclamer mon miniſtere.

3°. Parce que les Députés eux-mêmes, d'après les prévarications démontrées que je leur reproche, ne peuvent plus être ici que Parties; parce que leur empreſſement à aller au-devant des crimes qu'on ne leur offroit pas, eſt vraiment criminel ; parce que ce foin de leur part, d'accoucher les eſprits, de faciliter la délivrance de mes calomniateurs, de ſubſtituer les queſtions aux réponſes, & d'annoncer que le filence d'un Homme de Qualité, que leur audace ſcandaliſoit, devenoit à leurs yeux une preuve irréfragable, eſt le dernier période de prévarication de la part de quiconque prétend exercer les fonctions de Juges.

Avec eux, ſans doute, ſe retireront, s'ils ſont ici,

C

Me *Caillau* & Me *Dieres* que j'ai récufé devant leurs Collégues à l'Affemblée des Députés , & qui ne doivent pas, ce me femble , fe remontrer ici quand il s'agit de moi. Avec eux encore fe retireront les Juges du *Bailliage* , dont la vengeance eft fur-tout fondée fur ce que j'ai empêché la perte d'un innocent condamné par eux ; & Me *Boudet* qui a ufurpé dans le tems de la difperfion de l'Ordre , les fonctions de *Bâtonnier* , pour tenir chez lui une Affemblée contre moi , il y a un an ; & ceux qui en ont fait partie , & ceux qui ont été au *Parquet* fervir le reffentiment du Miniftere Public de ce tems-là , & crier avec tant d'indécence que l'*Ordre* demandoit ma profcription.

Tous les autres font coupables au moins d'une foibleffe répréhenfible : vos Députés le font d'une prévarication criminelle. Mais que dire de ces derniers ? Comment qualifier l'attentat qu'ils ont commis, en s'appropriant, pour confommer leur complot, un nom facré à quiconque porte celui d'*Avocat ;* en fuppofant le réveil de l'*Ordre*, qui faifoit alors confifter fa gloire dans une léthargie refpectable ; en trahiffant fes priviléges, pour fatisfaire un lâche reffentiment ; en proftituant fes titres ;

en le mettant à genoux devant des Juges qu'il fuyoit, pour en arracher en son nom, des jugemens qu'il ne reconnoiſſoit pas , comme le porte la lettre de M. le Bâtonnier, en date du 29 Décembre 1774 ; des jugemens iniques , comme le prouve l'Arrêt du 11 Janvier dernier ; des jugemens affreux , puiſqu'ils avoient pour objet la mort civile d'un Citoyen irréprochable , d'un Confrere , d'un Homme public.

Ce délit eſt conſtaté par écrit, par la Requête préſentée contre moi le 11 Février 1774. Elle porte que c'eſt *le vœu de l'Ordre*, que l'on offre aux Juges, que c'eſt l'*Ordre* qui me *condamne*, qui me *proſcrit* : il l'eſt par le Mémoire apologétique de Me Gerbier, donné en Janvier 1775 , dont vos Députés ont refuſé de recevoir la dénonciation , quand je la leur ai faite ; & où la délation honteuſe , tumultuaire, indécente, criminelle en tout ſens, du 11 Février 1774, eſt regardée comme l'ouvrage de l'*Ordre*.

Par-là , non-ſeulement ils ont anéanti l'Ordre , autant qu'il étoit en eux ; mais ils avoient donné un exemple fatal, qui pouvoit, ſi les tems n'avoient pas changé, ſoumettre notre profeſſion au plus effrayant defpotifme. Ils avoient remis dans des mains vindicatives, un couteau avec lequel on auroit égorgé à l'avenir quiconque auroit déplu par des talens trop fiers, & des vertus trop inflexibles.

Les Auteurs de la Requête du 11 Février, certains d'avoir trente Avocats ignominieufement dévoués à leurs vengeances, & capables de leur prêter le nom de l'Ordre, comme le fceau deftiné à les confacrer, n'y auroient plus connu de bornes. Ces dignes Favoris de leur côté, fiers d'un fi honteux appui, n'en auroient plus mis à leurs prétentions : il fe feroit fait entr'eux un échange horrible de complaifances, de baffeffes & de facrifices. C'eft ainfi qu'aux tems des Profcriptions de *Rome*, la tête du Tuteur d'*Octave*, devenoit le prix de celle du Frere d'*Antoine*, & que l'efclavage de la Patrie fe trouvoit cimenté par le fang de ces deux Victimes confondues aux pieds de leurs affaffins.

Bientôt l'anathême fe feroit étendu jufqu'à vous; bientôt on auroit concentré les prérogatives & l'exercice de la Profeffion dans cet effain d'infectes avilis, qui bourdonnoient alors au Parquet : les véritables Abeilles en auroient été bannies comme la Magiftrature; le nom de l'*Ordre* fe feroit trouvé reſtraint à ce petit nombre d'Adulateurs qui le deshonoroient.

Et c'eſt quand vous avez dans votre ſein de ſemblables délits à punir, qu'on vous occupe à délibérer gravement pour ſçavoir ſi je fais ou non *un Journal ;* ſi j'aime ou non *le Droit Romain :* & les Impoſteurs qui devroient ſeuls eſſuyer l'affront d'une juſtification publique; ces Traîtres à leur Ordre, à leurs Confreres, à leur honneur, qui devroient ſeuls être dévoués à l'anathême, ſeroient ſe préſenter pour le lancer contre moi? Non, Meſſieurs, vous ne le ſouffrirez pas.

Je les ſomme tous de ſe montrer s'il y en a quelques-uns que la foule ici me cache, ou dont les viſages me ſoient inconnus. Pour obvier à cet égard à toute eſpéce de ſurpriſe, j'attens, de votre juſtice, qu'on fera avant tout un appel de ceux de vous qui ſont ici, afin que je ſçache au moins par qui je ſuis jugé, & que je puiſſe appliquer aux noms les motifs de récuſation, qu'il m'eſt impoſſible de rapporter aux perſonnes. Il faut de plus que je ſache par quelle portion de l'Ordre je ſuis jugé.

Vous me direz que c'eſt vous donner beaucoup

d'embarras: mais Meſſieurs, ce n'eſt pas une choſe légère, que de procéder au Jugement d'un Citoyen, d'un Homme public, d'un Confrere. Si je ſuis coupable, il faut qu'il ne me reſte pas de moyens pour éviter la conviction : ſi je ne le ſuis pas, il faut auſſi qu'il n'y ait pas de reſſource pour obſcurcir mon innocence.

Eh quoi! tout eſt permis à mes cruels Détracteurs pour écarter, je ne dis pas mes Amis de ce Jugement, mais même les honnêtes Gens qui, ſans intérêt, ſans me connoître, ſans autre deſir que de voir manifeſter la vérité, ont oſé dire qu'il falloit examiner avant que de prononcer. On les injurie: on les perſécute : on les force à ſe récuſer eux-mêmes, à s'abſenter. J'ai la preuve écrite de ces manœuvres ; & on me refuſeroit le droit d'écarter des ennemis déclarés, de ne pas vouloir que la faculté de me perdre ſoit confiée à des bouches qui ont juré ma perte, à des mains qui ne daignent pas même cacher le poignard qu'elles préparent pour m'égorger.

Dans toutes les autres claſſes de la Société, la légiſlation, moins bienfaiſante encore que juſte, a pris des précautions multipliées, pour qu'un

Citoyen ne pût pas perdre son état sans l'examen le plus scrupuleux. Les Loix lui sont caution de sa vie & de son honneur ; il faut pour les lui enlever un délit prouvé : ce n'est pas même assez que le délit soit constant, & les preuves certaines : il faut encore que l'un soit démontré, & les autres recueillies avec ordre ; la moindre omission fait une nullité qui compromet le Juge & quelquefois sauve l'Accusé.

Et ce seroit par vous, qui tous les jours les rappellez, ces Loix, qu'elles seroient enfreintes ? Ce seroit dans l'état qui donne un caractere spécial pour en reclamer l'observation, qu'on perdroit le pouvoir de les invoquer ? Quel cas feriez-vous donc vous-mêmes de cet état, ou de ces Loix, si vous paroissiez vous jouer si legèrement des unes, & conférer ou enlever l'autre avec tant d'inconséquence ?

Ou l'état d'Avocat est quelque chose, ou il n'est rien. S'il n'est rien, vous ne pouvez l'ôter à personne : s'il est quelque chose, & quelque chose de respectable, & quelque chose d'utile au Public, & quelque chose dont dérivent de grandes obligations, & quelque chose qu'on ne peut perdre sans infamie, il n'eſt pas permis de l'enlever ſans l'appareil ou du moins l'équivalent de toutes les formalités preſcrites par les Loix, pour la ſauve-garde de l'honneur & de l'exiſtence des Citoyens.

Oh! dit-on, ſon exceſſive délicateſſe le rend d'autant plus facile à bleſſer : un Avocat *eſt la Femme de Céſar.* Il ne faut pas même *qu'il ſoit ſoupçonné.*

Cette réponſe m'a été faite, & par de très-graves Perſonnages d'entre vous : elle pouvoit tirer d'affaire un Mari politique, qui pour ſe venger d'un affront, ayant répudié ſa Femme, avoit cependant un vif intérêt à ne pas convenir qu'il la crût coupable. Mais ce mot devient une barbarie atroce & ſcandaleuſe, quand on le fait ſervir d'autorité pour légitimer un Jugement inique.

Un Avocat ne doit pas même être ſoupçonné ! Qu'eſt-ce à dire ? Il ne faut donc pas non-plus qu'il ait d'ennemis ; il ne faut pas qu'il ait de rivaux ; il faut qu'il n'ait rien de commun avec ce triſte apanage des talens ; il ne faut pas qu'il parle, qu'il écrive ; il ne faut pas qu'il faſſe une ſeule de ces démarches qui diſtinguent la vie de la mort, l'être du néant, & qui, quoique dictées par un cœur

pur,

pur, peuvent toujours être interprétées en mal par la haîne.

Quoi ! s'il a des Détracteurs impudens , il ne suffira pas que sa conduite soit irréprochable ; on oppofera leurs difcours à fes actions ? Le foupçon qui l'inculpe l'emportera fur l'évidence qui l'ab-fout ? Et quand il préfentera une juftification fo-lemnelle , on l'interrompra pour lui dire : Écou-tez ces voix anonymes qui vous accufent. Eh ! Meffieurs, s'il étoit vrai que telles fuffent vos conftitutions , vos maximes , il vaudroit mieux languir dans les plus horribles cachots, avec l'ef-pérance de triompher un jour de la calomnie , que d'être Avocat employé , avec la certitude d'y fuc-comber dès qu'on en feroit atteint.

Quoi ! aux dégoûts, aux fatigues, aux dangers de cet état, vous voudriez joindre encore la per-fpective d'une mort ignominieufe , dès qu'on aura éveillé la haîne par des fuccès, & la vengeance par des efforts courageux ! c'eft vous qui diriez aux ef-prits malfaifans dont la Société abonde, aux cœurs jaloux dont toutes les profeffions font remplies : Attaquez hardiment ceux d'entre-nous qui paroî-tront fe diftinguer ; l'innocence les garantira vaine-

D

ment de vos traits : nous les ramafferons à leurs pieds ; s'ils n'ont pas percé, nous dirons au moins qu'ils ont été lancés ; & tranfpofant ainfi les dénominations ; affectant de voir le coupable dans la victime ; donnant à l'attaque un poids irréfiftible, & nous jouant de la défenfe, nous vous livrerons votre proie, fans qu'il y ait de pouvoir humain capable de vous l'arracher ! Et l'équivalent de cet horrible langage deviendroit le code de fix cens Hommes vertueux !

Cela ne fe peut pas : cela n'eft pas même. Non, des foupçons ne fuffifent pas pour vous décider contre des Confreres. Je fuis loin d'accufer Mᶜ Gerbier, fur-tout après l'efpece d'abfolution que femble lui affurer la grace qu'il a reçue d'un grand Prince: mais enfin il étoit bien plus que foupçonné: il étoit accufé : il l'eft encore, nommément par le C. de G... dans un nouveau Mémoire foufcrit de fept d'entre-vous, dont les noms ont tous du poids & de la célébrité. Lui avez-vous fait un crime de ces inculpations? L'Ordre s'en eft-il occupé? S'eft-il vu à la place humiliante que j'occupe? & dans le tems où la Juftice travaille à apprécier fa conduite & fes écrits, a-t-il couru le moindre rifque, même provifoire pour fon état?

Vous n'avez pas deux poids & deux mefures : je le crois, du moins. Pourquoi donc fuis-je ainfi feul facrifié à des propos qui devroient faire rougir leurs auteurs, & les expoferont certainement à la févérité de la Juftice, quand ils feront connus? Pourquoi autorifez-vous contre moi une diffamation qui en devient le prétexte après en avoir été la fource? Daignez-donc réfléchir, Meffieurs, en Hommes honnêtes, en Hommes éclairés, à tout ce qui fe paffe ici à mon fujet depuis deux ans, & plus. La *diffamation* eft un des délits contre lefquels les Tribunaux s'arment avec plus de rigueur. Les Loix ont prononcé la peine de mort, contre les cœurs pervers qui s'en rendent coupables, & ce châtiment n'a rien de trop févere.

La diffamation eft au moral ce qu'eft l'empoifonnement au phyfique : c'eft la reffource des lâches. C'eft un genre d'attaque contre lequel il eft impoffible de fe défendre ; & comme il eft mille fois plus aifé de répandre, d'accréditer un propos qui tue l'honneur d'un Citoyen, que de faire paffer dans fon corps une compofition mortelle, les peines deftinées à ces deux efpeces de meurtriers devroient être proportionnées à la facilité qu'ils trouvent à commettre leurs attentats, à la difficulté de s'en garantir.

Ce principe eſt d'autant plus vrai, qu'il y a des remedes contre le poiſon, & qu'il n'y en a pas contre la calomnie; que ſi l'on a une fois échappé au premier, on n'en redoute plus rien : au lieu que le venin verbal de l'autre prend des forces en raiſon de la réſiſtance qu'on y apporte. Le breuvage funeſte ne peut être verſé que par une ſeule main, par une main que le remords peut arrêter, par une main que la crainte du ſupplice au moins peut ébranler, par une main déja corrompue, & parvenue à ce degré d'endurciſſement bien rare qui familiariſe avec le crime ; au lieu que la diffamation paroît être un des jeux de la ſociété, une de ſes reſſources contre l'ennui. C'eſt gaiement, à table, dans les cercles que l'on égorge un Citoyen, qu'on le dévoue à l'horreur, à la malédiction publique. Ce ſont de beaux Eſprits, de jolies Femmes, des Hommes réputés plaiſans qui le diſſequent & l'anathématiſent.

Comme il n'eſt pas-là pour ſe défendre, parce que s'il y étoit, on ſe tairoit, & que dans ces converſations legeres, tout ce qui n'eſt pas contredit paſſe pour inconteſtable ; bientôt l'impoſture la plus révoltante acquiert la force de la vérité : on n'examine pas ſi la choſe eſt vraie ; on ſe ſouvient ſeulement qu'on l'a entendue , & on la répete à des auditeurs pourvus d'une ſécurité auſſi crédule : bientôt un cri univerſel s'éleve qui prononce la condamnation de l'infortuné, que perſonne ne connoît ; on ſe trouve enfin au point où la vertu elle-même ſe croit obligée d'y ſouſcrire. Les hommes qui la jouent le proſcrivent , pour faire croire qu'ils ne lui reſſemblent pas ; & ceux qui la pratiquent, pour purger la Société d'un Membre qu'ils croient propre à la deshonorer. Voilà exactement mon hiſtoire.

Depuis deux ans, depuis dix ans même, depuis que mon malheur m'a jetté dans une carriere où j'ai mes rivaux pour Juges, je ſuis l'objet d'une diffamation qui n'a pas d'exemple, par ſa continuité, par ſon acharnement, & ſur-tout par ſon injuſtice. La licence en ce genre eſt pouſſée à un point vraiment effrayant. La poſtérité ne croira pas qu'un Particulier retiré, ſans prétention dans aucun genre, qui n'a jamais rien diſputé à perſonne dans la carriere de l'ambition, de la gloire, de la fortune, qui s'eſt borné à rendre des ſervices utiles , à ſoutenir loyalement devant les Tribunaux les droits de l'innocence , ait pu exciter un déchaînement auſſi implacable.

Elle croira encore moins qu'une aſſociation fondée ſur l'honneur , dont les Membres ſe définiſſent eux-mêmes *des Hommes de bien exercés à parler*, s'opiniâtrent à exiger la mort d'un Confrere , à qui ils ne peuvent faire aucune eſpece de reproche fondé, & qui ne deſire que la conſervation d'une faculté qu'il a reçue des Loix.

Pour motiver leur inconcevable obſtination, ils ſe permettent des horreurs dont les ennemis les moins délicats frémiroient dans toute autre Société. Des productions étrangeres à ma Profeſſion, ma conduite privée, mes mœurs, ma perſonne, ſont ſoumiſes à leurs recherches & à leur ſatyre. Mes liaiſons particulieres, mes démêlés intérieurs, mes lettres qu'on n'a pas vues, leur fourniſſent des griefs. Le ſecret de mon cœur eſt, non pas révélé, mais interprêté.

Enfin on va fouiller juſque dans mon enfance : on y ſuppoſe des faits abſurdes *, qui ſeroient ſans

---

* Le ſeul de ces faits, que l'Aſſemblée du 26 Janvier ait oſé adop-

conféquence, quand ils feroient vrais, qui en dé-
voueroient les inventeurs à toute la févérité des
Loix, fi leur coupable hardieffe étoit conftatée. On
les débite, on les adopte dans l'obfcurité : au lieu
de porter les yeux fur la partie de ma vie, qui eft
connue & conftamment irrépréhenfible, on les
fixe avec complaifance fur l'efpece d'*incognito* qui
enveloppe ma jeuneffe, comme celle de tous les
hommes, que de grands noms, de grandes places,
où des talens prématurés n'indiquent pas de bonne
heure au Public : l'art des Charlatans qui me pour-
fuivent y fait apparoître des fantômes auxquels une
crédulité intéreffée fuppofe une exiftence certaine.

Et quoi qu'à l'inftant même où l'on y porte la
main, ils s'évanouiffent, quoiqu'il foit impoffible

---

ter, eft le prétendu abus de confiance envers M. *le Duc des Deux-
Ponts*, qui auroit au moins 17 ans de date. Mes amis, témoins des
marques de bonté, d'intérêt dont ce Prince augufte m'a honoré à
Paris, à *Verfailles*, m'ont reproché de n'en avoir pas parlé dans
mon *Supplément aux Réflexions*; la raifon de ce filence eft fimple : c'eft
que ce Prince étant abfent, on auroit pu regarder ce que j'aurois dit
de fes bontés pour moi, comme une forte de bravade fondée fur
fon éloignement. Je fuis auffi fcrupuleux fur les preuves qui
peuvent me fervir, que mes ennemis le font peu fur celles qui
peuvent me nuire.

d'en conftater, je ne dis pas la réalité, mais même le foupçon ; quoiqu'il ne foit pas aifé de préfumer qu'un homme né avec le goût du travail, & perpétuellement occupé , ait eu celui des vices que donne l'oifiveté * ; quoique des baffeffes deshonorantes duffent paroître incompatibles avec cette ame fiere, inflexible, qu'on me reproche ; quoique de tous les êtres humains qui ont eu des liaifons de quelque genre qu'elles puiffent être, avec moi, il n'y en ait pas un , pas un feul qui fe préfente pour m'accufer , & qu'on en trouve mille qui dépofent en faveur de mes mœurs, de ma conduite, de l'efpece de fimplicité dont je ne rougis pas, & qui me rend auffi incapable de nuire que de tromper ; cependant mes détracteurs n'en font ni moins auda-

---

* C'eft un médiocre avantage que celui de la fécondité, fans doute, mais du moins des productions multipliées défignent un homme qui emploie fon tems : j'avois peu réfléchi au nombre de celles que les circonftances m'ont arrachées. Je n'en avois jamais fi bien vu la quantité que le 25 Janvier, en entrant dans la Salle où mes équitables Juges étoient appliqués à les difféquer, pour en tirer des crimes ; une longue & large table en étoit couverte : je ne m'étois jamais trouvé fi volumineux. Je ne pus m'empêcher de rire, en voyant l'air affairé de tous les examinateurs autour de cette proie, fur laquelle ils portoient le fcalpel, & de leur dire que je fouhaitois *que cette lecture leur profitât.*

cieux,

cieux, ni moins accueillis; & enfin une Affemblée, honorée du nom de vos Repréfentans , compofée d'Hommes foi-difant Juges, foi-difant fages, im-partiaux , fans examen, fans griefs, au mépris de toutes les Loix, a ofé prononcer contre moi une véritable mort civile : elle n'a pas même rougi d'arrêter qu'on effayeroit de furprendre aux Magiftrats une défenfe à moi de rien imprimer fur cette affaire, c'eft-à-dire de me défendre.

Et quand je me plains , quand je montre à mes Confreres, à mes Juges, mes bleffures & leurs Auteurs, le poignard qui m'a percé & la main fanglante qui l'a laiffé dans la plaie ; on murmure, on s'irrite encore, on me fait un crime même de mes fanglots. Il y a moins d'injuftice , moins de cruauté dans ces lieux de carnage où la vie des animaux eft facrifiée à l'entretien de la nôtre. Les Bouchers qui les égorgent leur pardonnent au moins de repouffer le couteau : ils ne s'offenfent pas des gémiffemens lugubres avec lefquels tout leur fang s'écoule.

Mes détracteurs ne craignent-ils donc pas que devenu furieux enfin, à force d'iniquités, & jufte en imitant leur injuftice, je me permette à mon tour fur leur compte une inquifition qui cefferoit d'être criminelle, puifqu'elle n'auroit que des repréfailles pour objet? Ne tremblent-ils pas que je ne leur dife tout d'un coup : Ma vie eft pure, voyons ce qu'eft la vôtre? Y en a-t-il un feul d'entre eux qui confentît à braver la difcuffion, les recherches que la mienne a fubies?

Eh! quelles découvertes ont produites tant d'efforts, tant de mouvemens, tant de baffeffes? quel fruit ont-ils retiré de cet art infernal, qui métamorphofant le filence en preuves, & les queftions en réponfes, leur faifoit dire en fortant de chez M. le Duc d'A... : *Bon, il n'a rien dit, nous voilà bien certains du fait.* Que leur ont rendu ces follicitations honteufes multipliées dans l'obfcurité, cette cour faite aux plus méprifables des êtres, dans l'efpérance d'en arracher quelques indices contre moi? Qu'ont-ils tiré de cet abominable artifice, qui les a portés à reculer jufqu'aux limites de mon enfance, parce qu'on les avoit flattés du bonheur d'y trouver de quoi flétrir le refte de cette vie; à y adapter fans preuves, contre toute vraifemblance, & plus encore contre toute vérité, un fait qui n'eft pas même fpécifié, à y compromettre le

nom d'un Souverain abfent ! Quelle étrange com-
plication d'horreurs & de puérilités ? Quel effroya-
ble mêlange d'inconféquence & d'acharnement !

Ofera-t-on les reproduire ici, ces griefs extra-
vagans, que j'ai détruits d'avance ? On m'accufe
de les avoir couverts de ridicule, parce qu'on ne
veut pas s'appercevoir que ce ridicule ils le ren-
fermoient en eux-mêmes, & que pour le faire fen-
tir, il ne falloit que les montrer !

Vos Députés oferont-ils ici, nier en votre préfence, comme plufieurs d'entr'eux ont eu la lâcheté audacieufe de le faire dans le monde, que
mon averfion pour *le Droit Romain*, n'ait pas été
un des principaux qu'on n'ait pas cité en preuve
la Confultation pour le M. *de Soiecourt*, couchée
avec le refte de mes Ouvrages fur ce Théâtre de
mort, où l'on cherchoit dans leurs entrailles de
quoi m'arracher la vie ?

Je dis toujours *lâcheté*, parce que c'eft ce que
je veux dire ; parce que cette dénégation eft une
impofture ; parce qu'il eft affreux autant que bas,
à des Hommes qui ont refufé de conftater des
griefs, de fe prévaloir de l'impuiffance où ils ont
mis l'Accufé d'en dreffer un Procès-verbal ; pour

lui imputer une fupercherie, & faire retourner contre lui la fraude dont il eft la victime. Eh bien! qu'ils reproduifent donc ceux que j'ai fupprimés, ou auxquels je n'ai pas répondu.

Je le répéte : mon cœur eft pur, ma conduite eft intacte. Tant que je n'aurai affaire qu'à des Juges intégres, tant qu'on ne voudra prononcer entre mes ennemis & moi que d'après les Loix de l'équité & de l'honneur, ce ne fera pas à moi à trembler.

Et qu'il me foit permis ici, Meffieurs, après avoir convaincu vos efprits, du moins je m'en flatte, d'interroger un inftant vos cœurs; une chaleur, dont vous-mêmes, peut-être, ignorez la caufe; un emportement produit par des infinuations imperceptibles, par la longue & infatigable affiduité de la calomnie; une funefte habitude à me regarder comme fufpect, comme coupable, parce que bien des gens intéreffés à le perfuader le difent, vous a amenés au point où vous êtes peut-être furpris de vous trouver. Daignez y réfléchir, & vous rendre compte à vous-mêmes des motifs qui vous y ont conduits.

Qui de vous a la moindre preuve, le moindre

indice perſonnel, ou ſeulement probable, de tous les griefs qu'on allegue contre moi, quant à ma vie publique? A qui ai-je manqué dans la vie privée? Du petit nombre de ceux qui m'ont honoré de leur amitié depuis dix ans, quel eſt celui qui s'en eſt repenti? De tous les autres, quel eſt celui qui croiroit avoir à rougir, s'il me l'avoit accordée?

Je vous ai peu vus. J'ai annoncé au Palais une humeur ſauvage : en général, je n'ai point *confraterniſé* : je l'avoue : mais outre que les orages qui m'ont accueilli au premier pas que j'ai fait dans cette carriere, n'étoient pas propres à m'inſpirer un deſir bien vif d'y former des liaiſons ; mes occupations & mon genre de vie m'en éloignoient encore davantage. Réfléchiſſez un inſtant aux contradictions qui l'ont empoiſonnée, & au nombre d'ouvrages qui m'en ont diſtrait, & vous ceſſerez d'être ou étonnés ou indiſpoſés de la retraite dans laquelle je me renferme, même à votre égard.

Cette retraite d'ailleurs eſt-elle un crime dans notre profeſſion ? A qui nous devons-nous le plus, de nos Confreres ou de nos Clients , de ceux auprès de qui nous ne chercherions que des plaiſirs , ou de ceux qui viennent auprès de nous chercher leur falut?

Je vous ai peu vus ! mais mon cœur ne vous a pas quittés un inftant ; mais j'ai beaucoup médité & beaucoup pratiqué les devoirs qui nous font communs : mais j'ai prévenu dans toutes les actions publiques, par des démarches, des avances honnêtes, tous ceux de vous envers lefquels on m'a reproché d'avoir pouffé trop loin la chaleur permife dans les combats judiciaires : qu'il en paroiffe un feul qui fe plaigne, & je vais lui prouver qu'il a été l'agreffeur : il y a même à cette occafion des anecdotes qui devroient faire mourir de honte ceux qui en ont fourni le fujet. Eft-ce donc de m'être défendu qu'on veut me faire un crime ? Suis-je le feul être dans l'univers à qui la fenfibilité foit interdite ?

Plus vous aurez la bonté d'y penfer, Meffieurs, plus vous verrez combien l'éclat, le fcandale qu'on a fait à mon occafion eft fâcheux & dangereux.

Il eft fâcheux, parce qu'il a compromis le nom de l'Ordre ; parce qu'il autorife l'œil malin du Public à en approfondir le fecret, parce qu'il y fait appercevoir, comme dans les autres Sociétés, des paffions, des foibleffes, des rivalités, qu'il faudroit au moins mieux diſſimuler dans la nôtre , & que par-là le reſpect qui lui eſt dû riſque de s'affoiblir.

Il eſt dangereux, parce qu'il vous place dans une poſition délicate entre une injuſtice & une rétractation. Il faut ou perdre un Confrere évidemment innocent, ou avouer que vos Députés ſe ſont aſſociés à la plus lâche, à la plus odieuſe manœuvre dont l'Hiſtoire offre le ſouvenir.

Si cette ſeconde partie de l'alternative vous répugne, la premiere doit vous faire frémir. Entre deux extrêmités, dont l'une n'eſt que déſagréable & juſte , tandis que l'autre ſeroit affreuſe & criminelle , pourriez-vous balancer ? Le ſecond moyen de venger l'Ordre des iniquités dont on le fait juſqu'ici paroître complice, c'eſt d'en punir les auteurs : le premier c'eſt d'en ſauver la victime.

L'année derniere , dans le Mémoire donné en Février, où je reclamois contre ces vils uſurpateurs de votre nom, contre ces lâches qui s'approprioient vos priviléges pour les vendre , & vos droits pour les ſouiller, j'ai oſé imprimer que l'Ordre en corps ne pouvoit pas être injuſte. En parlant des petites intrigues , ou des convulſions furieuſes qui peuvent agiter paſſagerement quelques-unes de ſes parties , j'ai affirmé qu'il avoit toujours joui , preſque comme la Divinité, d'une infaillibilité majeſtueuſe.

« Une expérience cent fois réïtérée , ai-je dit, » a démontré une vérité honorable à l'Ordre des » Avocats ; c'eſt que ſi la jalouſie , l'intérêt , agi- » tent quelquefois un certain nombre de ſes Mem- » bres , le Corps s'en eſt toujours montré exempt ; » c'eſt qu'il n'a jamais manqué de s'y trouver des » Hommes honnêtes qui voient la vérité , qui la » goûtent, & qui la font goûter aux autres. Pa- » reil aux tourbillons de Deſcartes où le repos » général naît du mouvement des parties, où cha- » que choſe reſte en ſa place , parce que tout » tend ſans ceſſe à s'en écarter, ce Corps ſingu- » lier, dès qu'il eſt aſſemblé, revient invincible- » ment à l'honneur , à la juſtice , dont ſes agita- » tions inteſtines ſembloient devoir l'éloigner » ?

Vous êtes aſſemblés , Meſſieurs ; vous voilà en Corps : vous allez ou démentir, ou juſtifier cet Eloge.

Au fonds , je n'ai ici qu'un intérêt modique.

La

La fureur de mes ennemis m'a fervi : en me for-
çant de difcuter leurs inculpations , ils m'ont
fourni le moyen de faire briller mon innocence.
Ma gloire eft en fûreté. L'opinion générale m'a
jugé. Les Magiftrats m'ont affuré la partie de mon
état qui ne dépend que de l'ordre public. On ne
peut m'ôter ni la confidération perfonnelle atta-
chée à la confiance des Clients, s'ils m'en croient
dignes, ni mon droit de les fervir dans mon cabi-
net , & d'éclairer les Juges par la voie de l'impreffion.

De quoi donc me priveroit ici une complaifance inique pour la cabale qui me pourfuit? De la
prérogative fatigante de paroître trois ou quatre
fois par an au Barreau? Et encore ne m'en priveroit-
on qu'après bien des combats. Le ciel, Meffieurs,
m'a donné une ame toute de feu pour l'honneur,
pour les fentimens qui peuvent annoblir notre
exiftence ; mais cette flamme active fe change en
un mur d'acier contre les revers; mon cœur s'irrite
par les obftacles, & s'anime par les dangers : il
feroit poffible que je fuccombaffe , mais ce
ne feroit du moins qu'en rendant le dernier
foupir.

F

Et quel avantage en reviendroit-il à mes Rivaux? Celui d'entendre dire qu'ils se sont défait d'un Homme qu'ils craignoient? Quel fruit en retireriez-vous vous-mêmes? Celui d'apprendre au Gouvernement, aux Magistrats, au Public, que vous auriez le triste pouvoir des Tyrans, celui de violer les Loix; qu'en les défendant, vous ne vous y soumettez pas, & que cette Divinité terrible, sous laquelle les Trônes mêmes s'abaissent, la Justice, feroit impunément méconnue, outragée dans le Sanctuaire où se rassemblent ses Pontifes.

Après cela, Messieurs, méconnoissez, si vous l'osez, vos propres obligations, le vœu public & celui de la Magistrature.

Il est en ma faveur; vous n'en sauriez douter. J'en ai reçu des preuves non équivoques dans ce jour glorieux, où tous les Ordres de l'Etat attirés à mon Jugement, comme à une espece de cérémonie nationale, dont ce concours augmentoit la solemnité, ont entendu la Cour des Pairs prononcer mon absolution. Plusieurs de vous en ont été témoins. Le Magistrat que sa place sembloit me donner pour Contradicteur, n'eût pas plutôt déclaré qu'il abjuroit cet odieux ministere, &

formé avec l'éloquence qui le rend fi digne de fon Nom, un vœu en ma faveur, qu'on parut préfé-rer le plaifir de l'applaudir, à celui de l'entendre : le Public fembla fe charger de ma reconnoiffan-ce ; la force, l'univerfalité de l'acclamation qui interrompit le témoignage de fes bontés pour moi, m'arracherent des larmes : elles me payerent de toutes les amertumes paffées.

Devois-je prévoir qu'un fi beau triomphe tou-choit à de plus cruelles difgraces ? & que porté en quelque forte fur les bras de la Magiftrature & du Public vers ce Sénat furieux, qu'un concours fi flatteur devoit défarmer, ce ne feroit que pour recevoir à la face de mes Protecteurs un nouvel affront ?

Quel fuffrage refpecterez-vous le plus du leur ou de celui de mes ennemis ? A qui donnerez-vous la préférence de l'Arrêt du 11 Janvier, ou d'une ca-bale qui veut vous faire partager fon opprobre ? Je me croirois coupable de fuppofer que vous puiffiez héfiter. Vous n'abuferez point de votre nombre pour perdre un Particulier ifolé, mais innocent ; de votre liberté pour enchaîner les Tribunaux, de votre indépendance pour réduire la Juſtice en eſclavage. Vous raſſurerez le Public juſtement effrayé de cette anarchie deſpotique , dont on a juſqu'ici fait uſage pour me perdre : vous conſtaterez par votre conduite , cette vérité qui eſt la ſauve-garde de toutes les inſtitutions humaines, que *dans un Empire policé il n'y a pas de Claſſe qui ſoit au-deſſus des Loix.*

Me **LINGUET**, Avocat.